AF440428

L'ALGÉRIE

AU POINT DE VUE BELGE

8
LK
806.

PARIS. — BERNARD-LABORDE, RUE VAVIN, 42 (TYP. BONNET.)

L'ALGÉRIE

AU

POINT DE VUE BELGE

AVEC UNE CARTE DE LA COLONIE ALGÉRIENNE

PARIS

LIBRAIRIE CENTRALE

5, RUE DU PONT-DE-LODI, 5

CHALLAMEL, LIBRAIRE POUR L'ALGÉRIE ET LES COLONIES

30, RUE DES BOULANGERS, ET RUE BELLECHASSE, 27

—

1867

L'ALGÉRIE

AU POINT DE VUE BELGE

CHAPITRE PREMIER

Considérations générales

Les progrès de la vapeur et de l'électricité ont, de nos jours, donné à l'homme deux patries : l'une, où il est né, — au bien-être et à la gloire de laquelle il se doit, — l'autre, appelée l'Univers, où il lui est facile d'aller s'assurer, par son travail, les conditions d'existence qui lui conviennent le mieux.

Avant la conquête de ces progrès, on concevait que le Belge, — qui s'est toujours distingué par son attachement à son pays, — éprouvât quelque répugnance à le quitter même momentanément ; cette répugnance ne se comprendrait plus aujourd'hui qu'il peut se transporter, à de grandes distances de sa contrée, avec la certitude de pouvoir y rentrer rapidement au moyen des chemins de fer et des bateaux à vapeur, et rester en communication, à chaque instant, avec elle, par le télégraphe électrique.

Il y a plus ; cette répugnance, persistant, démentirait la réputation de bon sens dont les Belges ont le droit d'être si fiers. En jetant les yeux sur le tableau ci-dessous, on verra que, relativement à son étendue, la Belgique est le pays le plus peuplé de l'Europe. Or, la population s'augmentant, chaque jour, et les frontières n'ayant aucune chance de s'étendre, il arrivera infailliblement que le malaise résultant de trop grandes agglomérations, malaise qui n'est encore que local, deviendra bientôt général. C'est ce mal qu'il faut prévenir, en faisant ce que font les Anglais, qui sont, après les Belges, la nation la plus relativement peuplée de l'Europe.

Lors de l'exposition de Londres de 1862, les ouvriers parisiens ont délégué, par le suffrage universel, des ouvriers comme eux pour faire un rapport sur cette Exposition.

Ces délégués, sinon très éclairés au moins très intelligents, ont profité de leur séjour, à Londres, pour y faire une enquête sur les salaires, et c'est le résultat de cette enquête qui forme une des parties les plus intéressantes de leur rapport. Ils y constatent que l'ouvrier anglais, qui gagne chez lui 10 fr. par jour, quand l'ouvrier français n'en gagne que 5, à Paris, n'hésite pas néanmoins à s'expatrier et à se rendre, soit dans l'Amérique du nord, où il trouve 20 fr. de salaire par jour, soit en Australie où il peut s'en assurer jusqu'à 30. C'est cet esprit d'émigration qui fait, qu'aujourd'hui, la race anglo-saxonne est la plus répandue sur le globe, et qui, en soulageant l'Angleterre d'un trop lourd surcroît de population, étend partout son influence.

Et notez qu'aucun de ces ouvriers anglais ne part sans esprit de retour ; tous, au contraire, ne s'en vont qu'avec le désir de rentrer dans leur pays, après s'être assuré quelque fortune ; et, lorsqu'ils y reviennent, d'autres sont prêts pour le départ, de sorte que l'émigration établit comme un niveau naturel de population. L'émigration, si l'on peut se permettre cette comparaison un peu vulgaire, peut-être, mais à coup sûr juste, c'est le déversoir qui, dans les canaux, aux écluses, séparent momentanément des eaux trop élevées, lesquelles se retrouvent après pour suivre le même cours.

Voici le tableau du nombre d'habitants des principaux États de l'Europe, qui établit combien la population de la Belgique, relativement à l'étendue de son territoire, est supérieure à celle des autres nations européennes.

On verra plus loin pourquoi il est fait relativement à l'Algérie.

Tableau du nombre d'habitants par kilomètre carré (100 hectares) pour l'Algérie et les principaux États de l'Europe.

INDICATION DES CONTRÉES	NOMBRE d'habitants par kilomètre carré (100 hect.)	INDICATION DES CONTRÉES	NOMBRE d'habitants par kilomètre carré (100 hect.)
Algérie	7 67	Suisse.	58 24
Grèce	10 85	Autriche	59 94
Russie d'Europe. . . .	11 05	États de l'Église.	64 25
Espagne.	31 18	États Sardes. . . . , . .	64 62
Pologne	33 34	France	64 87
Danemark.	35 50	Royaume de Naples . . .	75 00
Portugal.	35 53	Hollande.	85 34
Turquie d'Europe. . .	38 24	Angleterre.	121 80
Toscane	49 54	Belgique.	124 04

L'Algérie est donc :
4 fois moins peuplée que l'Espagne,
5 — — que la Turquie d'Europe,
7 — — que la Prusse,
8 fois et demie — que la France,
11 fois moins que la Hollande,
19 fois moins que l'Angleterre et la Belgique.

Il faudrait introduire en *Algérie* (outre la population actuelle) pour qu'elle fut peuplée

Comme l'Espagne . . . . 9,381,600 habitants
Comme la Turquie d'Europe. . . . 12,117,900 »
Comme la Prusse. . . . . 18,372,300 »
Comme la France. . . . . 22,271,300 »
Comme la Hollande. . . . . 30,490,200 »
Comme la Belgique. . . . . 45,344,400 »

En présence de ce tableau et de ces chiffres, quelques réflexions ne seront peut-être pas inutiles.

On sait que Malthus, fils de propriétaire, mais fils cadet, c'est-à-dire exclu de la terre promise de la propriété, en vertu du stupide et odieux droit d'aînesse, qui fleurit encore dans la libérale Angleterre, et qu'Esaü n'y aurait certes pas cédé, de nos jours, pour un plat de lentilles, Malthus avait été amené à trouver le bonheur des hommes dans un système contre nature, et contraire, surtout, au précepte de la Bible : Croissez et multipliez.

Malthus, comme Bacon, s'appuie sur le raisonemment et l'expérience ; lorsqu'il raisonne il arrive à des conséquences absolues et exclusives, qui ont été jugées monstrueuses ; mais il est admirable quand il invoque l'expérience, qui sera toujours, quoique l'on fasse, le flambeau et l'arbitre des choses humaines.

Malthus a calculé, en effet, pour appuyer son système, en faisant un récensement de presqne toutes les populations connues du globe, que, après une période de vingt-cinq ans, la population d'un pays est doublée dans une proportion géométrique, tandis que les ressources alimentaires du même pays ne se doublent que dans une proportion arithmétique. En un mot, que la puissance de la multiplication de l'espèce humaine d'un pays est supérieure, dans des proportions effrayantes, à la puissance de multiplication des produits alimentaires de ce même pays.

Ainsi, si l'on prend les États-Unis pour exemple, on y comptait en 1790   3,229,000

—	1800	5,305,000
—	1810	7,239,000
—	1820	9,638,000
—	1830	12,866,000
—	1840	17,082,000
—	1850	23,180,000
—	1860	31,445,000

Et si, par exemple, l'Amérique avait, en 1790, produit 3,922,000 hectolitres de blé, quel que fût le progrès dû au génie et au travail de l'homme, elle n'aurait pu, en 1860, c'est-à-dire après trois périodes environ de 25 ans, produire que près de trois fois 3,922,000 hectolitres de blé pour une population arrivée, du même chiffre, et dans le même espace de temps, à 31,445,000 habitants.

Malthus a tiré de ces calculs une conséquence : la nécessité de limiter les populations, qui n'avait rien de neuf : Platon, le plus grand esprit de l'Antiquité, conseille, dans ses écrits, de détruire tous les enfants qui ne sont pas bien conformés pour ariver à ce but.

Des chefs du christianisme, effrayés aussi de l'excès de population ont cherché à instituer le célibat dans les couvents; enfin, les Chinois, qui, les premiers peut-être, ont compris l'importance des recensements et, ne demandant qu'à une terre prodigieusement fertile, il est vrai, mais insuffisante encore, leurs moyens d'existence, ont cru trouver un remède à une trop grande agglomération dans la destruction d'une partie de l'espèce humaine.

On connaît les noyades, qui ont ému le monde civilisé.

Il ne peut entrer dans les destinées du peuple belge, peuple d'initiative chez lui, peuple laborieux et moral, il ne peut entrer dans ses destinées de limiter sa population, soit avec Platon et les Chinois en détruisant son propre ouvrage; soit avec Malthus, en se condamnant, en quelque sorte, au célibat; cependant le mal de l'agglomération est là, menaçant de s'aggraver; et à ce mal, il faut un remède.

Or, ce remède est simple; mais pour qu'il produise ses effets, il est indispensable que le peuple belge compte non-seulement sur son gouvernement, mais sur lui-même

On peut dire la vérité, quelque désagréable qu'elle soit, aux hommes du pouvoir actuel ; si l'on doit professer une respectueuse sympathie pour tout ce qui fait l'honneur et la prospérité de la patrie, si l'on doit déplorer de voir souvent l'esprit de parti marchander misérablement la considération, et même prodiguer l'insulte à des hommes qui, par leurs veilles, leurs talents, leur patriotisme, devraient tout au moins commander les égards de tous, il ne faut pas cependant que cette sympathie pour des hommes réellement supérieurs, aille jusqu'à l'aveuglement. Or, il faudrait être aveugle pour ne pas voir la faiblesse, disons le mot, l'infirmité de la politique commerciale extérieure du gouvernement belge. Cette politique regrettable a, on le sait, deux causes : l'une, espèce de répugnance des populations, l'autre, de malheureux essais précédemment tentés. Ces deux causes sont indépendantes de la volonté des hommes qui gouvernent ; mais ce qui dépend d'eux c'est de combattre ces deux causes qui sont fausses parce qu'elles reposent, d'une part, sur un préjugé contre l'émigration, préjugé qui ne peut pas résister aujourd'hui en présence de la facilité et de la rapidité des moyens de transport, et, de l'autre, sur une prévention qui ne s'explique que parce que les premiers essais n'ont pas réussi et qui s'évanouira du jour où l'on aura eu le courage de se dire *qu'on veut réussir*.

Il y a, — on peut le dire, sans flatterie, sans abdiquer ses opinions, à quelque parti que l'on appartienne, — il y a, en ce moment, à la direction des affaires, en Belgique, une réunion exceptionnelle d'hommes de grandes lumières, d'un rare talent et d'un incontestable patriotisme. Ce n'est donc pas en vain qu'on attirera leur attention sur les immenses avantages, qu'il y aurait à encourager, chez les Belges, les habitudes d'émigration qui, chez les Anglais, ont produit les plus heureux résultats.

Parmi les contrées dont il importerait de faciliter l'accès aux Belges, de récentes circonstances placent tout d'abord l'Algérie.

On sait qu'un décret impérial a assimilé cette colonie à la France et que diverses mesures, — entre autres l'institution d'une société algérienne, au capital de deux cent millions, — viennent d'être prises, et donnent aux étrangers, appelés à s'y fixer, de grandes facilités. On y trouve dès maintenant la même protection, pour les personnes et les propriétés, qu'en Belgique, et l'espace n'y manque pas, puisque, pour la population actuelle, qui n'est que de 2,925,000 âmes. il y a 140,000 kilomètres carrés ou 14 millions d'hectares de terre cultivable.

C'est surtout pour la classe si intéressante des agriculteurs belges que l'émigration, en général, et spécialement en Algérie, serait d'un immense secours. Le fermier, qui n'a d'autres ressources que son exploitation, et c'est le plus grand nombre, se trouve aujourd'hui aux prises avec la hauteur des fermages. Ayant souvent une nombreuse famille, il ne tire pas de son travail des ressources suffisantes pour ouvrir à ses fils, par l'instruction, la voie aux professions libérales qui, d'ailleurs, sont encombrées en Belgique. Il les fait travailler avec lui, et faute de pouvoir leur procurer un établissement, il est réduit à les voir, pleins de santé, d'intelligence, de bon vouloir, laisser dépérir des forces, qui employées dans quelque colonie comme celle d'Alger, assureraient leur fortune et les rendraient utiles à leur pays.

Pour atteindre un but si désirable, la première mesure à prendre, c'est la création d'un consulat rétribué à Alger.

Quel climat, quelles populations, quels avantages le Belge trouvera-t-il en Algérie, c'est ce qui fera l'objet des chapitres suivants.

CHAPITRE II

Du climat.

On s'est, pendant longtemps, fait une fausse idée du climat de l'Algérie, et cette erreur n'a été due qu'à des causes accidentelles. Les premiers colons ont, en effet, rencontré sur certains points des eaux stagnantes, dont les miasmes ont souvent occasionné des maladies. Mais, des travaux d'assainissement ont été effectués, et aujourd'hui le climat de l'Algérie est tellement salubre que les médecins le recommandent, de préférence à celui des contrées les plus saines de l'Italie.

Depuis le mois d'octobre jusqu'au mois de juin, le climat de l'Algérie est un des plus agréables du monde. Aussi des centaines de familles riches viennent de l'étranger y passer l'hiver. Il est vrai qu'en juillet, août et septembre la chaleur y est élevée, mais non telle cependant qu'elle empêche les travaux des champs. L'ouvrier agricole peut être à l'œuvre toute l'année.

D'après les observations officielles, faites pendant les dix-huit dernières années, la température ordinaire, sur la côte, au mois d'août, est de 30 degrés maximum, 23 minimum, 26 moyen. Ces chaleurs sont supportables pour tous les travailleurs et elles ne durent à ces degrés que pendant le mois d'août qui est le plus chaud de l'année.

Comme salubrité, l'Algérie ne le cède donc en rien aux contrées les plus salubres de la Belgique; si les premiers colons ont eu à souffrir, sur certaines parties de l'intérieur, de l'insalubrité causée par la stagnation des eaux, comme nous l'avons dit, cette cause ayant totalement disparu par des travaux d'assainissement, les effets en sont aussi entièrement disparus.

On peut s'en convaincre par le relevé suivant fait, il y a quelques années, par ordre du duc de Malakoff :

	Naissances	Décès
1861	8,227	6,108
1862	8,648	5,905
1863	8,531	6,347
Totaux	25,406	18,358

Différence au profit des naissances 7,048.

En 1859, sur 167,670 européens, on comptait :

7 centenaires,

20 vieillards âgés de plus de 90 ans,

112 ayant dépassé 80 ans.

Enfin, d'après les tableaux officiels du mouvement de la population européenne, pendant l'une des dernières années, on constate :

1° Dans la province d'Alger, sur 90,383 habitants, dont 49,731 français :

831 mariages :

Naissances :	1,742 garçons
	1,622 filles
	3,364
Décès :	2,183
	1,181

Soit un excédant de naissances égal à 30 pour cent du total des décès.

2° Dans la province d'Oran, sur une population de 66,223 habitants, dont 32,055 français :

584 mariages :

Naissances : 1,824 garçons
1,429 filles

____

2,253
Décès :   1.914

____

339

3° Dans la province de Constantine, sur 49,282 habitants, dont 30,443 français :

470 mariages :

Naissances : 864 garçons
747 filles

____

1,611
Décès :   1,353

____

258

Il résulte de ces chiffres que l'excédant des naissances sur les décès, en Algérie, est supérieur à la moyenne fournie par la plupart des États européens.

CHAPITRE III

Des populations.

On compte aujourd'hui 1° 225,000 colons européens , dans lesquels les Français entrent pour environ 65 pour cent.   225,000

Il y a en outre 2,700,000 indigènes.   2,700,000

Soit une population totale de   2,925,000

Les 225,000 colons occupent 700,000 hectares qu'ils ont acquis, soit par concessions domaniales , soit par achats faits aux indigènes.   700,000 hect.

Les Arabes (pasteurs) et les Berbères (laboureurs, etc.) ont une étendue de   12,400,000 hect.

Enfin le gouvernement français s'est réservé 900,000 hectares   900,000 hect.

Soit :   14,000,000 hect.

ou 140,000 kilomètres carrés dont se compose la zône colonisable.

Voyons d'abord ce que sont *les Berbères*.

1° LES BERBÈRES

Les Berbères sont le peuple primitif, autochtone, et, pour ainsi dire, sorti du sol de l'Algérie. Ce sont d'anciens colons des Romains ; aussi les principes du droit romain sur la propriété, sur le régime municipal, ont-ils survécu chez eux à la conquête arabe. — Les Berbères sont monogames ; la femme y est respectée ; la famille y est constituée comme en Belgique, en France, et dans tous les pays où la Rome impériale a étendu sa puissance ; ils sont attachés au sol et ont le goût du travail, des métiers, de la navigation. Pour eux, le *Coran* n'est que ce que la Bible est pour les chrétiens, et non, comme pour les Arabes, un Code civil et politique. Anciens chrétiens, les Berbères, qui portent la croix en tatouage sur le front ou sur l'une des joues, ne sont, du reste, que très-peu musulmans et s'affranchissent des règles que suivent religieusement les Arabes. Ils sont, en outre, tolérants. Dans l'île de Dyerba, il y a une église et un curé pour les chrétiens qui vont y faire le commerce. On compte *un million de Berbères* qui habitent généralement les montagnes, que, par corruption, on appelle Barbaresques au lieu de Berberesques (1).

2° LES ARABES DEVENUS PLUS OU MOINS BERBÈRES

Ce sont des Arabes qui, depuis la première conquête, ont plus ou moins les habitudes des Berbères.

Ainsi, ils ont pris le goût du travail agricole, industriel, commercial ; ils habitent des maisons et reconnaissent la propriété individuelle. Les champs, chez eux, sont limités. Ils abritent leurs troupeaux et conservent par là les races.

On compte *douze cent mille* Arabes devenus Berbères.

(1) Voir les remarquables écrits de MM. Warnier et Carette, membres de a commission scientifique de l'Algérie.

3° LES ARABES PURS

Les Arabes purs ne connaissent pas la propriété individuelle ; selon eux, la propriété du sol est à Dieu ; le droit d'en disposer est au *représentant* de Dieu, qui est le *souverain* dans l'État, le *seigneur* dans la tribu. *L'individu* disparaît dans la *tribu* au profit de l'aîné qui s'appelle *cheikh*. La famille n'existe pas pour l'Arabe ; il est polygame, la femme est pour lui comme un meuble et n'est pas élevée à la dignité de la mère de famille. — L'esclave, qui n'existe pas chez les Berbères, est indispensable aux Arabes (qui ont horreur du travail) pour leurs travaux domestiques. Quant à la terre, ils usent de ses fruits sans lui donner aucun soin. Peuple pasteur, il ne s'attache pas au sol et n'habite pas de maison ; les Arabes transportent leurs tentes partout où l'exigent les besoins de leurs troupeaux, avec lesquels ils parcourent d'immenses étendues, sans jamais les abriter. C'est le bétail qui est leur principale richesse, et cette richesse ne leur coûte aucun autre travail que d'en vendre les produits.

Cette aristocratique société, fondée civilement, politiquement et religieusement sur le Coran, disparaît heureusement peu à peu. — Il n'y a plus guère que 500,000 Arabes purs en Algérie.

4° LES COLONS FRANÇAIS ET EUROPÉENS

Les colons, en grande partie français, étaient, en 1865, au nombre de 225,000, et ce nombre n'a pas sensiblement augmenté depuis ; mais les importantes mesures prises par le gouvernement, et notamment la création d'une banque algérienne au capital de 200,000,000, donnent dès maintenant une impulsion nouvelle à l'émigration vers l'Algérie. De plus, une banque Algérienne Suisse vient de s'y constituer.

Il y a donc, en totalité, actuellement, sur le sol algérien,
une population de :

<table>
<tr><td rowspan="6">2,925,000 âmes</td><td>1° Berbères. . . . . . .</td><td>1,000,000</td></tr>
<tr><td>2° Berbères arabes. . .</td><td>1,200,000</td></tr>
<tr><td>3° Arabes purs. . . . .</td><td>500,000</td></tr>
<tr><td>4° Colons. . . . .</td><td>225,000</td></tr>
<tr><td></td><td>—————</td></tr>
<tr><td></td><td>2,925,000</td></tr>
</table>

CHAPITRE IV

Ressources.

La zône colonisable de l'Algérie compte 140,000 kilomètres carrés, soit 14,000,000 d'hectares. Un décret de 1863 donne en pleine propriété aux indigènes (c'est-à-dire aux Berbères, Arabes devenus Berbères et Arabes purs), toute l'étendue des terrains qu'ils possédaient à titre d'usufruitiers, soit tout le sol moins 900,000 hectares que l'État s'est réservés, et 700,000 hectares, propriété des 225,000 colons, acquise ou par concessions domaniales, ou par achats faits aux indigènes.

Il y a donc : 1° à cultiver les 900,000 hectares que l'État s'est réservés ; 2° à améliorer, en les achetant à des prix avantageux, une grande partie des propriétés que les indigènes, en général, ne cultivent qu'imparfaitement.

On peut juger de ce qu'il y a à faire, sous ce dernier rapport, par ce que les colons français ont réalisé :

Les colons cultivent, en effet, 1 hectare 50 ares calculés par tête, qui produisent 11 *hectolitres*.

Les Berbères et autres indigènes ne cultivent que 61 *ares* calculés par tête, qui ne rapportent que 3 *hectolitres* 90 *centilitres*.

Maintenant, comme développement commercial, voici ce qui donnera une idée de ce que l'on peut réaliser :

En 1830 les indigènes, abandonnés à eux-mêmes, valeur..   5,000,000 fr.

En 1863, avec le concours des colons (valeurs officielles)   228,000,000

Valeurs actuelles   247,939,786

Comme preuve de la richesse du sol, on ne peut mieux faire que d'indiquer ici les produits qui ont figuré à l'Exposition de Londres en 1862, et qui ont fait une véritable sensation au milieu des produits agricoles du monde civilisé :

1° *Le blé.* — On sait que les Romains, après avoir conquis l'Afrique, en firent le grenier de l'Italie. Pline raconte, dans un chapitre de son Histoire universelle, intitulé : *De la fertilité du blé en Afrique.* qu'un boisseau de blé en produisait jusqu'à 150. L'intendant de l'empereur Auguste lui envoya un pied de froment d'où sortaient plus de trois cents tiges, toutes provenant d'un seul grain, et, il y a quelques années, un colon de Misserghin, a prouvé que la fertilité du sol s'était maintenue, en offrant à la Société d'horticulture d'Oran, un pied d'orge contenant trois cent treize épis provenant d'un seul grain ; il a montré plusieurs pieds de blés riches de quarante à cent cinquante épis en très-beaux grains. La supériorité des conditions naturelles de production en Algérie se reconnaît surtout à l'ensemencement. Pour obtenir le maximum de récolte, il suffit de semer de un à un hectolitre et demi de blé par hectare, tant il talle abondamment : même réduction proportionnelle pour les autres céréales. Au mérite de tallage s'ajoute le poids, mesure de la qualité. Il n'est pas rare de trouver des blés qui pèsent jusqu'à 86 kilogrammes à l'hectolitre. Le poids de 79 kilogrammes est commun dans les bonnes années, au point que l'intendance militaire a pu l'exiger dans les fournitures que lui font les colons, en même temps que celui de 60 kilo-grammes pour l'orge.

Voilà pour le blé dur d'Afrique, dont la fabrique française a tiré un parti considérable dans la confection des pâtes alimentaires, semoules, vermicelles etc., etc. Quant au blé tendre, importation des colons européens, on le reconnait à sa couleur claire et blonde, à son écorce facile à casser sous la dent, à sa farine blanche. On le cultive avec succès dans la province d'Alger et dans celle d'Oran.

En ce qui concerne le seigle, la plupart des terres d'Al-gérie étant propres à la production du froment il ne saurait y être qu'une culture très-secondaire.

2° L'*orge*. L'espèce la plus productive est celle à six rangs.

3° L'*avoine*. Celle qu'on y cultive (avoine blanche et d'Eu-rope) constitue une excellente nourriture, pendant l'hiver, pour les chevaux de trait sans avoir l'inconvénient de les échauffer. L'avoine d'Afrique est recherchée sur le marché de Marseille. En 1861 il a été cultivé 5,121 hectares d'avoine, qui ont produit 3,957 hectolitres d'une valeur de 339,570 francs.

4° Le *maïs*. Cette céréale produit très-abondamment ; on a compté jusqu'à 723 grains sur un épi de maïs. Dans les bonnes conditions elle a rendu 70 et 80 hectolitres à l'hec-tare. — On sème les petites espèces de mais sur le pied de 50 litres à l'hectare et les autres sur le pied de 30 litres à l'hectare. En 1861, il a été cultivé en maïs 6957 hectares qui ont rendu 126,007 hectolitres, d'une valeur de 1,890,110 francs.

4° Les *fèves*. Il y en a de deux espèces : la fève de ma-rais et la fèverolle ou petite fève de cheval très-productive et convenant spécialement au bétail.

En 1861 il a été semé en fèves : 49,241 hectares qui ont produit 295,968 hectolitres, d'une valeur de 3,551,625 fr.

6° Le *panis* ou *millet* qui dans certaines contrées de l'Allemagne sert à l'alimentation humaine, réussit admirablement en Algérie, où l'on obtient de 3 à 3,500 kilogrammes de graines à l'hectare.

7° *Riz* sec blanc de la Chine-Oriza semé en mai, il arrive à maturité au bout de 90 jours avec un rendement de 3,000 kil. à l'hectare.

8° Le *Sorgho*, dont les graines servent à la nourriture des hommes et de la volaille ; ses tiges sont consommées comme fourrage vert en juillet et en août. Par sa richesse alcoolique le sorgho à sucre est destiné à prendre une place importante dans la production algérienne.

Le produit d'un hectare de sorgho sucré en graine est de 2,500 kilogr. qui peuvent donner 24,75 pour cent d'alcool ou 773 litres 43 centilitres de spiritueux, ce qui n'empêche pas d'employer les déchets pour l'engraissement du bétail. En outre l'hectare donne 83,250 kilogr. de tiges écimées, débarrassées de leurs feuilles et prêtes à être employées. On en fait d'excellents balais.

9° *Fourrages.* L'Algérie est riche en prairies naturelles. Après les premières pluies d'automne la terre se couvre d'un admirable tapis de verdure. Les fourrages se divisent en deux espèces : les légumineux : les gesses, les lentilles, les luzernes en abondance, les lupins, les vesces, les orobes, les trèfles, les sains-foins qui atteignent parfois jusqu'à trois mètres de hauteur. Puis les graminées : les plus abondantes sont les avoines, les dactyles, les paturins les alpistes, les troënes, les fétuques, le mil, le diss des Arabes, les lygées, les stypes, etc.

10° Les légumes présentent une très-grande variété : les lablahs, les pois des diverses espèces, les lentilles, les fèves, les haricots parmi lesquels le soya japonica, haricot oléagineux qui contient 18 pour cent d'huile.

La plaine de la Mitidja est surtout remarquable par sa richesse agricole; un chemin, de fer la traverse, conduit à Boufarik (ville largement coupée par des eaux vives et de riches plantations) et, après avoir passé par les villages de Dalmatie, Joinville, Montpensier, arrive au pied de la montagne où l'on découvre Blidah, au milieu de ses bouquets d'orangers, de ses champs verdoyants dans lesquels paissent les magnifiques étalons, que le gouvernement y entretient pour la régénération de la race arabe, si justement renommée. Plus loin est Médéah, dont les vins sont recherchés.

Pour les matières tinctoriales: la garance croît spontanément dans l'Afrique du Nord, le cochenille, cet insecte de l'ordre des hémiptères qui, comme on sait, étant desséché donne une couleur rouge très-appréciée dans l'industrie des teintures, vit sur une plante grasse, le cactus, dont des plantations existent en Algérie; enfin l'indigo, cet arbrisseau originaire du Brésil, y est aussi cultivé.

Quand aux tubercules et racines alimentaires : l'Algérie s'est enrichie d'un grand nombre de tubercules, originaires des contrées les plus favorisées du globe, et l'on n'ignore pas que pour les légumes frais, tels que les artichauds, pois verts, petits pois etc. il s'en exporte maintenant, chaque année, pendant l'hiver et le printemps des quantités considérables à destination des marchés de la France et même de ceux de l'Angleterre.

Le rapport de l'exposition de 1862 donne de précieux détails sur les animaux d'Algérie et sur leurs produits :

1° Les bœufs; l'espèce bovine de l'Algérie se distingue par ses proportions petites mais élégantes. Le poids moyen de viande dans les bœufs descend souvent à 100 kil. et rarement il atteint 200, à moins que les animaux ne soient engraissés. Comme le déchet est en moyenne de 45 à 50 pour cent le poids brut varie entre 300 et 400 kil. Sous des apparences de peu de volume, ils sont pleins de vigueur et forts pour leur taille. Par l'engraissement on en obtient un poids net de 230 à 250 kil. d'une viande substantielle et de bonne qualité.

Le bœuf est, chez l'indigène, l'animal de labour; le colon lui préfère généralement le cheval.

Le prix d'un bœuf ordinaire est de 120 à 150 francs.

On compte une population bovine, en Algérie, de 1,053,084. Il s'en exporte un assez grand nombre, qui augmente chaque année.

2° *Les moutons.* — On compte environ 6,875,894 moutons d'espèces variées, mêlées quelquefois, trois ou quatre dans le même troupeau, et dont les croisements, livrés à la seule nature, augmentent la confusion. On en exporte aussi un grand nombre.

Grâce à des mesures prises pour les abriter et à des conditions plus favorables d'alimentation, l'espèce ovine devient une des richesses les plus importantes de l'Algérie.

3° *Les laines.* — De tout temps l'Afrique a été un pays de production de laines. C'est des plateaux de l'Atlas que sont sorties ces belles races de moutons qui, importées en Espagne par les Maures, créèrent plus tard la race des mérinos, devenus depuis si célèbres.

L'Algérie possède les deux types que réclament les manufactures belges : les laines de carde, courtes, frisées, de moyenne finesse, propres à la draperie commune, celle qui fait le fond de la consommation ; les laines de peigne, longue, lisses, propres à la fabrication des étoffes rases.

Le poids des toisons, en suint moyen, varie de 1 kil. 500 à 2 kil. 300 gr. Au lavage elles perdent beaucoup : celles de la province de Constantine rendent 55 à 60 p. 100 (c'est la province qui en fournit le plus), mais celles d'Alger ne rendent que 50 à 52 et celles d'Oran de 45 à 50.

Prix. — Entre indigènes les laines se vendent à la toison : 1 fr. à 1 fr. 50 dans le Tell, 40 et 50 cent. dans les oasis du Sahara. Les Européens, qui achètent au poids, payent des prix fort variables, suivant les années et les localités, en moyenne, 100 à 110 francs les 100 kilogr. On peut évaluer à 10 millions de kilogr. environ la production annuelle des laines en Algérie.

Plumes d'autruche. — Ces plumes sont l'objet d'un commerce important. Dans l'espace de sept ans, la France en a acheté pour une valeur de 2,800,000 francs.

L'Algérie est très-riche en animaux de toutes espèces; elle possède, dans la classe des mammifères, le lion, la panthère, l'hyène, le chacal, la gazelle, l'antilope, le cerf même, le porc-épic, le singe, le sanglier, le lièvre et le lapin.

Dans la classe des oiseaux utiles, l'autruche, le cygne, le grèbe et de nombreuses espèces de gibier à plume.

Dans la classe des reptiles, la tortue de terre.

Dans la classe des invertèbres, les sangsues.

Les dépouilles des lions, des panthères, sont fort recherchées; mais elles sont rares dans le commerce. Celles des autres animaux carnassiers sont, au contraire, très-communes. Les fourrures des oiseaux d'eau constituent une des branches les plus importantes de la pelleterie algérienne, qui tire un excellent parti des dépouilles des cygnes, de trois espèces de grèbes, du plongeur à gorge noire, du flamant et même des poules d'eau et du canard siffleur.

Une température toujours égale, un sol couvert de plantes aromatiques variées à l'infini, qui se succèdent pendant toute l'année, des végétaux résineux en abondance, tout concourt, en Algérie, à la multiplication des abeilles, tout seconde leurs efforts à produire un miel et une cire qui ont toujours été renommés pour leur qualité supérieure.

Les prix varient chaque année; ils sont en moyenne :

pour la cire, de 3 à 4 fr. par kil. ; pour le miel, de 1 fr. 50 à 2 fr. Le mûrier prospère en Algérie, et les soies algériennes sont d'une supériorité aujourd'hui reconnue.

Pour les plantes, graines et matières oléagineuses, l'olivier, l'arachide, qui rend à l'hectare 2,400 à 3,000 kil. de grain, dont on retire 40 pour cent environ d'huile propre à l'éclairage ; le lin, le madia sativa, la cameline, le carthame, le chanvre indigène, le colza, qui réussit admirablement (son rendement est de 3,000 à 3,500 kil. de graines), le ricin, dont un hectare fournit 3,000 kil. de graines, qui produisent 40 à 45 pour cent d'huile par expression ; enfin, le pavot, sont autant de riches ressources qu'offre le sol algérien.

On sait qu'aucune contrée n'est plus favorable que l'Algérie pour la production des essences, des huiles essentielles et des parfums ; dans aucun climat la flore ne présente plus de richesse et de magnificence, aucune ne développe en plus grande abondance, dans chaque plante, les principes aromatiques et parfumés que recherche l'industrie.

Il reste à ajouter, à cette série des produits algériens, les bois et les mines.

La contenance des forêts algériennes appartenant à l'État dépasse 1,800,000 hectares. On les divise en quatre grandes catégories :

1° Les chênes-liége ;

2° Les bois propres à la construction en général, la marine et le bâtiment ;

3° La menuiserie ;

4° L'ébénisterie et la tabletterie.

Le chêne-liége s'exploite dans des proportions considérables.

Le chêne-zéen réunit toutes les qualités recherchées pour la marine.

Pour la menuiserie, le bois de cèdre supplée très-avantageusement le bois de sapin ; pour l'ébénisterie, le thuya, l'olivier, si répandu en Algérie, le pistachier, le houx, la racine d'arbousier, sont surtout très-estimés.

Quant aux mines, on y exploite déjà des mines de cuivre, de zinc, de fer, de plomb ; la province d'Oran renferme surtout des gîtes fort riches de minerai de fer. Des carrières de marbre sont aussi exploitées et donnent des produits qui ont été remarqués à l'Exposition de 1862.

Cet exposé, qui sera suivi d'un examen des avantages qu'il y aurait pour la Belgique (au point de vue industriel, commercial et surtout agricole), à ouvrir des relations avec l'Algérie, n'a d'autre but que d'éveiller l'attention du gouvernement et des hommes éclairés du pays sur ce sujet.

Comme le tableau, qui a été donné le constate, pour qu'il y ait, sur le sol algérien, autant d'habitants, relativement à son étendue, qu'il y en a sur le sol belge, il lui faudrait, outre sa population actuelle, 45,344,400 habitants.

Voilà, dans une magnifique contrée, sous un ciel splendide, assez d'espace et d'air pour y faire fructifier les deux qualités que le Belge possède : l'amour du travail et la persévérance dans les efforts.

En résumé :

1° Créer un consulat rétribué à Alger ;

2° S'entendre avec le Gouvernement français d'abord pour le transport des colons, puis pour l'appropriation d'une certaine partie du sol ;

Telle est la part à demander au Gouvernement belge ; le reste doit être laissé à l'initiative individuelle, sans laquelle il n'y a rien de grand ni de durable à fonder. Saint-Simon a dit, avec raison, l'âge d'or, qu'une crédulité aveugle place au berceau du monde n'est pas derrière nous, il est devant nous. » Il est évidemment devant le peuple belge, cet *âge d'or*, qui commencera le jour où l'on ne dira pas seulement : *la liberté comme en Belgique*, mais aussi LE BIEN-ÊTRE COMME CHEZ LES BELGES.

On ne peut assez le répéter :

Il est incontestable que, relativement à l'étendue de son territoire, le chiffre de la population belge est excessif ; il est non moins incontestable que de cet excès naît un malaise, qui ne se trahit que trop souvent par de déplorables crises. C'est à ce mal qu'il faut porter remède ; ne pas reconnaître la nécessité de favoriser l'émigration, ce serait faire violence aux faits et méconnaître leurs caractères, ce serait s'exposer à de grands dangers. Or, le meilleur moyen de venir en aide à l'émigration, c'est de créér de bons consulats.

Et, en ce qui concerne l'Algérie, l'un des motifs d'une nature élevée qui militent en faveur de pareille création, c'est l'intérêt des agriculteurs. Certes, cette classe est digne de considération dans tous les pays ; il n'en est pas où elle le soit plus, par son courage, par son patriotisme, qu'en Belgique. Elle a donc droit à la sollicitude du gouvernement, qui l'aidera, il n'en faut pas douter, à fonder des établissements agricoles en Algérie.

La présence au département des affaires étrangères de l'homme d'État éminent, qui, pendant qu'il occupait les fonctions de ministre de l'intérieur, n'a cessé d'encourager les agriculteurs, est pour eux la plus sûre garantie, qu'en cette circonstance, aucun appui ne leur fera défaut. D'après ce que l'on assure, l'honorable ministre des affaires étrangères s'occupe très-sérieusement de la création d'un consulat belge rétribué à Alger.

Secondée par le génie de l'Empereur, la colonie algérienne n'aura bientôt, sous le rapport de la civilisation, rien à envier à la mère-patrie, et, déjà, grâce aux grandes et généreuses institutions fondées par Napoléon III, dans cette France africaine, l'homme de cœur et de bon vouloir (à quelque pays qu'il appartienne), est certain d'y trouver la richesse et la sécurité, dans l'un des plus beaux climats du monde.

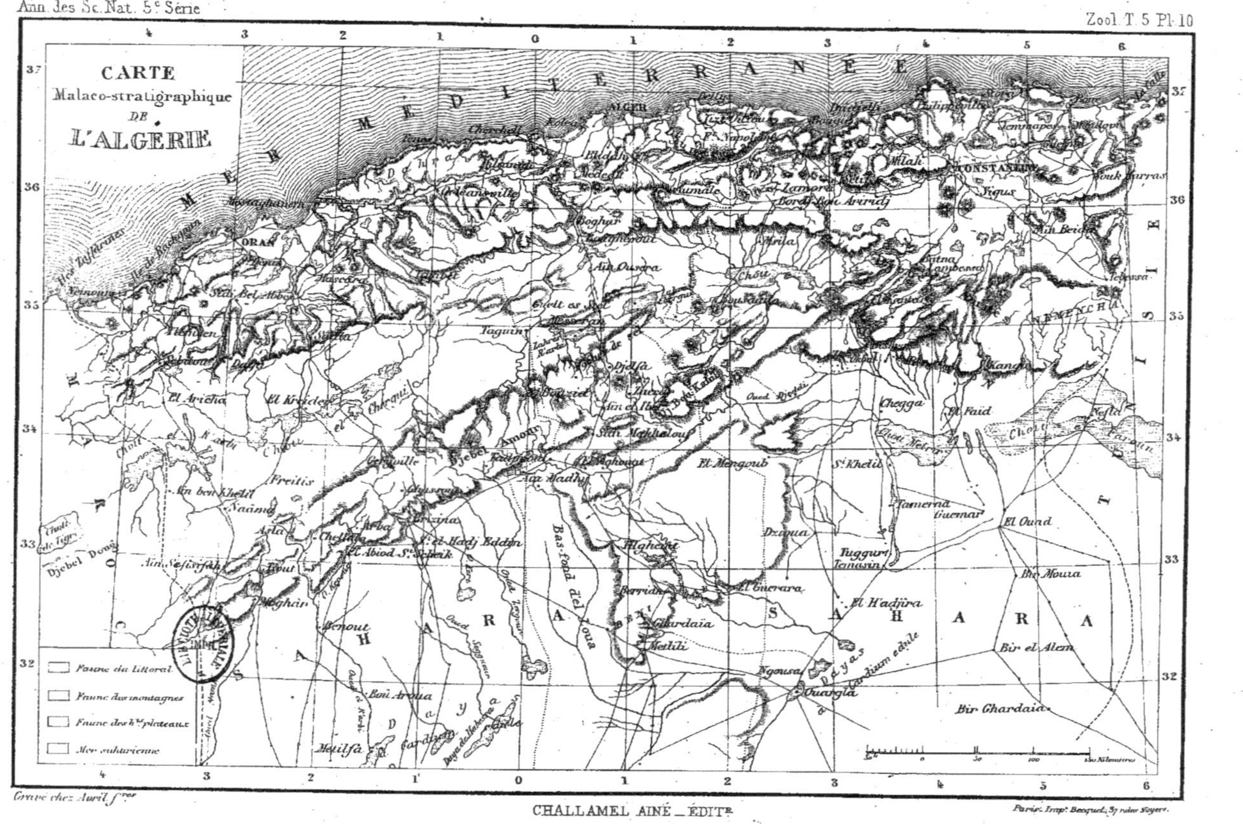

Grave chez Avril frères

CHALLAMEL AINÉ — ÉDITr

Paris, Impr. Becquet, 37 rue Noyers.

www.ingramcontent.com/pod-product-compliance
Lightning Source LLC
Chambersburg PA
CBHW061445050726
47593CB00004B/1475